Du même auteur :

1) <u>LA GRANDE PALABRE</u>. Editions EDILIVRE APARIS, Juin 2010. N° ISBN : 978-2-8121-3471-5 (Théâtre) 56 pages.

2) <u>ENCRE NOIRE ET PLUME BLANCHE</u>. Editions EDILIVRE APARIS, Juin 2010.
 N° ISBN : 978-2-8121-3547-7 (Poésie) 106 pages

3<u>) Mon cœur et mes amours oniriques</u>. Editions EDILIVRE APARIS, Août 2010. N° ISBN : 978-2-8121-3721-1 (Nouvelles) 68 pages.

4) <u>TAM- TAM ET CHANT POETIQUE</u>. Editions EDILIVRE APARIS, Août 2010. N° ISBN :

978-2-8121-4100-3 (Poésie) 66 pages.

5) <u>RIMES D'ENFANT</u>. Editions BoD, Août 2010. N° ISBN : 978-2-8106-1960-3 (Poésie) 28 pages.

6) <u>HYBRIDE ROMANCE et La complainte de la vierge souillée</u>. Editions BoD, Août 2010. N° ISBN: 978-2-8106-1988-7 (Théâtre) 24 pages

7) <u>EXALTATIONS ET LAMENTATIONS</u>. Editions BoD, Septembre 2010. N° ISBN : 978-2-8106-1904-7 (Poésie) 52 pages.

8) <u>A FLEUR DE TEMPS</u>. Editions Baudelaire, Septembre 2010. N° ISBN : 978-2-35508-600-7 (Poésie) 74 pages.

9) UNE ETOILE DE PLUS
« Serge Abess ». Editions BoD, Juillet 2011. N° ISBN : 978-2-8106-1991-7 (Biographie) 106 pages.

10) BLESSURE ET BRISURE DE VIE. Editions BoD, Juillet 2011. N° ISBN : 978-2-8106-1359-5 (Poésie) 72 pages.

11) ECLATS LYRIQUES. Editions BoD, Juillet 2011. N° ISBN : 978-2-8106-2150-7 (Poésie) 180 pages.

12) LETTRES PARNASSIENNES. Co auteur Rodrigue Makaya Makaya, Editions BoD, Janvier 2012. N° ISBN : 978-2-8106-2214-6 (Poésie) 72 pages.

13) <u>LA LAGUNE PERDUE</u>. Editions BoD, Février 2012. N° ISBN : 978-2-8106-2454-6 (Poésie) 56 pages.

14) <u>LA BRUNE DES GENIES.</u> Editions BoD, Mars 2012. N° ISBN : 978-2-8106-2476-8 (Roman) 88 pages.

15) <u>EFFLUVE DE LYS ET MELANCOLIE</u>. Co auteur Melissa KOMBILA, Editions BoD, Juin 2012. N° ISBN: 978-2-8106-2422-5 (Poésie) 64 pages.

16) <u>FLEURS DES IDYLLES FANEES</u>.
Editions BoD, Août 2012. N° ISBN : 978- 2-8106-2546-8 (Poèmes épistolaires) 112 pages.

17) <u>ADIEU MONDE</u>.
Editions BoD, Novembre 2012. N°
ISBN : 978- 2-8106- 2612-0
(Poésie) 80 Pages.

18) <u>KIMIA</u>.
Editions BoD, Juin 2013. N°
ISBN : 978- 2- 3220-3071-2
(Roman) 200 pages.

19) <u>L'ODE A L'AUBE</u>.
Editions BoD, Juin 2013. N°
ISBN : 978- 2- 3220- 3113-9
(Poésie) 80 Pages.

20) <u>D'OMBRE ET D'UTOPIE</u>.
   Editions BoD, Octobre 2013. N°
ISBN : 978-2322032969 (Poésie)
74 Pages
21) <u>NZILE</u> (Le chemin). Co-
auteur Annie- Flore Batchiellilys.
La Doxa Editions, Mars 2015. N°
ISBN : 978 2917576472 (Récit)
157 Pages

RETOURNE DANS TON PAYS, SALE NOIR !

(Les Promesses du temps)

Jannys KOMBILA

RETOURNE DANS TON PAYS, SALE NOIR !

(Les Promesses du temps)

« Ma poésie ! J'ignorais qu'elle avait un pays, une couleur !
Se méprendre des identités, ici-bas est mon monde chancelant.
Attendre les promesses du temps, comprendre les errances durant.
Et les échos de chaos… Souffle le souffre-douleur des révoltés.
Quelles que soient les années échinées, même sans ma voix, mon peuple trouvera sa voie… »

Jannys KOMBILA

Préface d'Odome Angone[1]

Les promesses du temps, recueil de poèmes qui nous invite aux lueurs d'antan. Ces passés où les chants susurraient, en attendant, un jour peut-être de cueillir les promesses du temps... Mais lesquelles ? Puisqu'à chaque vie, ses lueurs écorchées. Même si les ombres se sont évanouies et que les rideaux de la vie ont fermé le spectacle d'un matin d'espérance, il reste, ici-bas, pour ne pas tirer sa révérence, les lyres du soir et les nuits de silence : une longue marche vers l'entre soi et les chemins de l'errance.

Qui suis-je ? Le sais-tu ? Je suis l'esthétique de la résilience. Une

---

[1] **Professeure de Littérature diasporique à l'Université Cheikh Anta Diop, écrivaine-chercheure, etc.**

poétique où tout devient paradoxalement possible à partir du néant. Un bout d'ailleurs où le désarroi brise les tumultes de l'instant. Alors, on investit dans le refuge, le champ des utopies. L'utopie, un hors-lieu qui n'existe géographiquement nulle part. Un lieu sans lieu hébergé dans la puissance indignée de nos rêves. Un sans-lieu qui ressuscite la plus belle contestation de ce qui est, afin de repousser à la frontière de l'arrogance le mal être et les larmes lancinantes.

L'auteur de ce texte est un fils d'Afrique. Un continent habillé par la méchanceté gratuite, dans le non-sens de cultures qui murmurent hystériques et aphones une solidarité légendaire, du reste, alimentée par les mirages. Pauvre monde ! Pauvre Afrique ! Un système de prédation où la contradiction n'offre que l'extrême onction à qui ose penser autrement. Aux armes martyrs ! Jusqu'à quand va-t-on encore cracher sur nos faces, en ayant pour toute réparation et unique consolation la génuflexion du lésé ? Les larbins pleurent en cachette pendant que les assassins s'égosillent et que les larbins s'atermoient. Oui, oui, ils crient en émoi, ce qu'aucune dignité humaine ne peut plus contenir au fond de soi. L'auteur s'adresse à ces gouvernails africains qui ont dans leur besace une onde arcane en guise de prophétie et font de l'agenouillement et de l'indolence un fond de promesse.

L'écriture est fille de son temps, le contexte d'écriture n'existe pas hors de la société. L'on peut dire que les poèmes de Jannys KOMBILA s'inscrivent dans la tension sociale qu'ils prennent pour objet. Les allusions itératives sur la notion du temps justifient, de façon compulsive, son ubiquité. Entre « Les parfums du temps », « Les rivières du temps », « Les murs du temps » et « Les promesses du temps », l'œuvre soumise à notre appréciation invite à une surconscience temporelle, presque de manière névrotique. Où donc se trouve ce temps, à la fois insaisissable et intarissable ?

Notre opinion ne peut pas épuiser la richesse de cette œuvre en seulement quelques pages. Tant mieux parce qu'ici le recours au temps comme épanchement pamphlétaire et notion d'usage offre une vision polysémique. Cela ne peut donc que contribuer à envisager plusieurs grilles de lecture valables et contrapuntiques dans un débat où la fragmentation autorise plusieurs interprétations.

AIR MAWARI

Ils sont partis de notre terre
Contre vents et jusants
Ils sont partis vers la mer
Sans litanies élogieuses
L'espoir dans le cœur
La foi entre les mains
Les rêves embrasés
En émois fourvoyés
Ils voulaient voir l'autre bout
S'asseoir à l'autre rive
Ils voulaient connaître
L'autre monde sans
Les frondes des idéologies
Ils voulaient comprendre autrui
Sans les tombes de l'hypocrisie
Sans retour ils ont levé l'ancre
Un fétiche en attache
Un bout de glèbe en souvenir
Un dernier sourire pour pleurer

Un dernier soupir pour prier
Une seule promesse illuminée
Ils sont partis pour éprouver
Les visages en tranchées
Par le silence des inégalités
Délier les chaînes des identités
Quand résonnent les tambours
Des indépendances chimériques
Ecrire sur les océans noirs
L'histoire des trépassés
Engloutis à jamais au fond
Des alluvions de l'émigration
Cruelle vie ! Maudit pari !
Ils ont chaviré le regard rivé
Vers les firmaments oublieux
Et les mains tendues implorant
Longtemps ! Longtemps !
Pourtant !
La mort gagnant souriant à la vie
Ces destins sans lendemains
Comme un matin de crépuscule
S'éteignent les voix abandonnées

Se noient les enfants désemparés
Des corps flottant des morts allant
En lambeaux vers les frontières
Cette nuit nous embarquerons
Encore, avant le potron-minet
Car de l'autre côté de notre terre
Ils disent que le soleil des blancs
Ne se couche jamais…

AUX ARMES MARTYRS !

Sonne le glas des lumières
vaticinées
Mourir d'une balle de l'oppresseur
S'éternisent les haines et les peines
Enchainer les conflits sans fin
L'humaine guerre des dominations
Un capitalisme au sang d'effroi
Allons ! Sauvons l'Afrique
Et les frondes qui déflagrent
La terre est incandescente
Clament les asservis fourvoyés
Des salves au nom de la bêtise
Des bombes sur des tombes
Ma civilisation en déperdition
Il pleut des armes dans mes yeux
Tue- moi ! Ma liberté chancelle
Et les démocraties achoppées
Aux gouffres des existences
Comme ma loyauté éclopée
Aux portes des immigrants

La voilà ton égalité fétide
Éructant sur la fraternité éraflée
Je suis l'indigné insoumis
La voix de la plèbe murée.

LES GERMES VERSES

Adieu ! Tourments
Se libère mon âme
Radieux ! Le soleil
Qui m'enlève d'ici
Une arme à la main
Le monde sanguinolent
Et les hommes ahuris
Attendant la fin de rien
Et la guerre souriant
Sur les haines attisées
Et la vie se vidant
Des races proscrites
Le mensonge nous éloigne
Des vérités voilées
Un regard sustenté
Le portrait dévisagé
Un stéréotype avéré

Prends ma couleur
Et dis- moi si je fleure
Prends mon existence
Et dis- moi si je pleure
Se taire et disparaître
Derrière la veulerie
Mon poing dressé
Pour le droit outragé
Et les années ahanées
Aux espérances inopinées
Le temps s'en allant
La misère prospérant
Dansent les folies odieuses
Comme des frénésies poseuses
Et les estimes infectées
A l'heure des velléités
Nous mourrons tous
Bientôt de ces germes versés
A l'ombre de nos terres.

ICI- BAS…

Ici- bas
Le soleil brûle ma terre
Et les pieds nus cheminant
Dans l'air des misères bercées
Les mains en plaie implorant
Les cieux ou le dieu gouvernant
Ambrer l'espoir sur les chemins évidés
Mourir en martyr sur le sang de la liberté
Nos lendemains apprivoisés chancelants
Et les trains affranchis embarqués
Nous menant vers les horizons azurés

Ici-bas
Les rêves n'ont plus de couleurs
Et les douleurs en évocations
Sur nos fronts chevillés
Les oriflammes arrachées
Aux portes des révolutions
Devant nous des aubes levées
Aux éclats de justice recouvrée
Construire ou reconstruire
Sur les pierres et les murs écroulés
Se finissent les années de heurts
Allons ! Enfin, goûter à la vie.

LES CHANTS D'ANTANT.

J'entends les chants d'antan
En paradis berçant
Mes yeux en onde luisant
Cherchant les fluettes brises
Des nostalgiques évocations
En douceurs vespérales
C'est la voix des souvenirs
Comme un tambour rythmant
Les saisons d'enfance
C'est le coup de pilon en écho
Résonnant dans les forêts coites
Au midi nous y étions
Là-bas…
Sur les terres de nos pères
Là-bas…
Où vivent morts nos frères
Là-bas
Où les moissons sont une chanson

Et les récits en folklore
Ma tradition en décor
Sur ces nécropoles fleurées
Des cendres consumées
Funestes les effluves ressuscités
Et les patrimoines s'oubliant
Comme l'étranger s'en allant
C'est ici que nous tisserons
La courbe des détours
Les dernières lueurs du jour
Le voyage qui ne dure que
Le temps d'un sillage
Marcher sur la vie
Sans pieds sur terre
Marcher vers la fin
Sans les yeux de l'âme
Ici comme ailleurs
Nous repeindrons
Les joies et les regrets
Quand, à l'horloge sonnée
Chanteront nos ombres.

LA LONGUE MARCHE

S'agitent les poussières d'opacité
Près des éternités emmurées
Ma toile humaine en noir acrylique
Des portraits sans traits de races
En esquisses transportées
S'effondrent l'édit et les odes
vertueuses
S'affronte la fratrie en haine
funeste
Les lumières de sang se levant
La terre des révoltés pleurant
S'abandonnent les espoirs laqués
Et les vies des existences violées
Ma terre s'est exilée là-bas…
Là-bas ma terre est meurtrie
Derrière les mamelons d'écueils
Derrière les prisons des opprimés
Fuyant la souffrance psalmodiée
Et les restes d'hommes morcelés

Mon soleil s'en est allé
Précipité sur les cataractes de feu
Et les antiennes annihilées
Sur les pierres de rites recouvrés
Saluons les sévices de la liberté
Les blessures des espérances
Nul sort ne nous astreindra
Nus corps nous retournerons
Nous agenouiller dans l'âme- forêt
Sur la terre de nos racines
Et reprendre le sacré délaissé.

ADIEU AFRIQUE !

Il pleut sur ma terre
Une trombe de sang
Et la guerre qui tonne
A l'appel du muezzin
Des bombes humaines
Des tombes bessonnes
Des catacombes de corps
Et encore des armes qui tuent
Et les larmes prisonnières
Des prières en rengaine
Invoquant la fin de la foi
Le règne clamé des rois
Dieu ! Dieu ! Es-tu Allah !
Des cieux, dévalent les enfers
Et les diables oiseaux d'acier
Expectorant les torpilles
Et la mort brandissant
Les fanions de l'hécatombe
Quand se taisent à jamais les voix
D'hommes et de femmes en strates
D'enfants soldats dévoyés

Les yeux rivés vers le soleil
Eux qui ne connaitront plus
La couleur des rires misères
Eux qui imploraient
Les silences d'outre-tombe
Adieu Afrique !
Coulent les rivières profanées
En empreintes crénelées
Et hurlent les chars allègres
Marchant effrontément sur
Les chemins ensanglantés
Mon Afrique en escarbilles
Portrait d'une terre pathétique
Mon Afrique sans sépulture
A l'aube des columbariums
Et s'envole l'encens funeste
Des martyrs et martiaux
Fils dignes derniers combattants
De la liberté empoignée
S'éteignent les feux des épopées
Au chant des piètres démocraties
Quand retentissent les derniers
Folklores vendus aux
indépendances.

QUI SUIS-JE?

Qui suis-je, moi, pauvre nègre ?
Dropée sur cette glaise pestiférée
Sous les joutes immuables de ce monde.
Sous les pênes de liberté de choix
Je me peine, me saigne, je me geigne
Je me fouille, me cherche, je me marche...
Je m'élucubre, je perds un peu de moi, émoi
Et moi qui suis-je, où vais-je ?
Jusqu'où me marcher et m'abandonner...

Qui suis-je, moi, pauvre nègre ?
Loin de tous, des doutes
De mon Afrique d'essence des fiels frisquets
Empruntant les trimards oiseux

Cet oblong voyage, ce pèlerinage de la vie
Qui nous sonne comme une errance
Sans voie, sans issue, un bout, un tunnel
Une bioluminescence, un bonheur réel de clarté
Comme le chemin est lointain
Comme l'impulsion est incertaine
Une illusion au paysage de bourdon
Je me peine, me saigne, je me geigne
Je me fouille, me cherche, je me marche
Et autrui me fait tache
Je m'élucubre, je perds un peu de moi, émoi
Et moi qui suis-je, où vais-je ?
Jusqu'où me marcher et m'abandonner...

Je m'isole me déboussole m'assomme
Je me cherche me perche m'éclabousse
De la lassitude du monde qui me garrotte
Et ce chant de monotonie en symphonie
Couchant avec le temps en lamentation
S'en vont les regards épris échangés
Les vertus oubliées et parodiées
Ma liberté n'est pas ta liberté
Gaietés et bonheur échancrés
Si tu veux subsister achète de l'argent
Si tu veux t'initier perds ta foi
Si tu veux lutter cherche ton identité

S'invitent les technologies
outrancières
Et demain sera un autre matin
Donne- moi ta main sans dire
Et lire sur les lignes nos
prédictions
Sans parchemin sur les chemins
Parleront les silences des regrets
Mon dessein n'est pas mon destin
La vie perd un peu de sa moralité
Si nostalgie y est c'est que tout se
meurt
Et moi, je regarde mourir l'Afrique
Quand le monde me sourit et me
tue.

UNE AUBE DE LIBERTE.

A l'humanité s'éloigne la vertu
Du sang dans nos larmes jurées
Ici commence le voyage
Après les tumultes
Les bourrasques pourpres
Ici s'enterrent les supplices
Après les carnages
Les règnes noirs
Les cieux déchirés
 Aux cris aliénés
Des fanions de chair
Sur mon continent outré
Du sang dans nos voix prohibées
Le peuple s'est levé et est mort
La bouche muselée mais libérée
De ces annelets de pénitence
De ces gueuseries malséantes
De ces amoralités de pouvoir
Aux écussons de turpitude

Sur les poussières fumantes
Des années de luttes, de chutes
Visages mortifiés tonnant
Les heurts, les marches décimées
Les quérulences aux poings
éclopés
L'espoir au bout du désespoir
Clamant toutes les vies mortes
A l'Afrique, l'amour donné
À l'oriflamme bafouée
Un nouvel hymne chanté
Et les aubes inusitées
S'éveillant en soleil de mémoire
Sur les sépulcres blancs
Des hommes valeureux
Des fils et filles probes
Saluant notre impunité
Le peuple s'est levé et est mort
Marchons enfin vers
Cette aube de liberté…

UN SOLEIL S'EN VA...

Les ailleurs se vident
Et périssent les âmes d'émotion
Encore un battement d'aile
Sous les voûtes et cénotaphes
Un dernier vol en terre d'exil
Après les chemins en refrain
Adieu ! Mon ici- monde
Adieu ! Mon compagnon
Adieu ! Rêves et citations
En ronde se fredonnent les litanies
Un jour parti sans destin pari
Ma vie se tait en oraison larmoyée

Un dernier vol en terre d'exil
Ces chemins inexplorés flétris
Et les soupirs sans larmes damnées
Et les cœurs en drame d'années
Si tôt, les cieux ouverts
Balayées les poussières du temps

Un soleil s'en allant en mémoire
Seul, marchant en ombre miroir
Quand s'effacent les visages
d'amis
En crépuscule de parfum funeste.

A CHAQUE VIE…

A chaque vie
Son chemin
A chaque étoile
Son destin
Et se réveilleront les hommes
Blessés sur les braises
Des matins douteux
Combien de temps
Sur l'horloge des desseins
Et cette voix lueur
Nous montrant
L'autre voie leurre
A moi ma vie
Destin maudit
A toi ta lie bois et ris
Sans perdre avis
Mourons- nous encore
Après le sang- pardon

Partons demain
Jasmins en mains
Sur les rivières carmin
Petit oiseau chantant en do
Douceur de roseau
Tombant dans l'eau
Noyer mes rêves
En espoir déchu
Attendre l'âpre crépuscule
Les matins écrus
Viens ! Viens !
Retiens mon destin
Viens ! Viens !
A deux, mieux nous irons
Un chemin sans parchemin
Des doutes comme des voûtes
Et si s'éteignent toutes les lumières
Il restera celle de ton cœur.

CES PASSES...

Ces passés qui s'en vont
Quand s'en viennent les souvenirs
Courtisant les airs de douceur
Et les rengaines envolées de
félonie
Des mains nues chagrines
Dans les crins du temps
Ces visages océans ne s'effaçant
Qu'après l'azur auroral
A jamais les automnes ensoleillés
Chanteront les pluies sur la flore
morte
Il pleut dans mon autre regard
Il pleure des nuits d'âme grisée
Un peu de toi cherchant ma vie
Si loin pourtant restant radieuse
En remord s'éteignent les saisons
Sans rebord glissera l'onde noire
Et ma voix dans les ombres
trombes
S'éloigne en ficelles de cantate.

UN BOUT D'AILLEURS

Les rivages lointains
Aux voyages incertains
Partirons- nous voir
D'autre paysage
Triompherons- nous enfin
Du prochain mirage
Et les printemps promis
Aux éphémères gaietés
Ici on vit après que
Les vents se couchent
Ici volent les oiseaux
Avant que se lève l'aurore
Des ombres de bonheur
Sous les nuages de couleur
Petite est ma douleur
Qui grandit comme la rumeur
Des sensations émoustillées
Des lacs d'impressions
Se retrouvent les hérons
Habiles et agiles équilibristes
Dansant sur l'eau endormie

Qui attend la pluie des cycles finis
S'éloignent les brumes
mélancoliques
Et l'odeur des fumées bucoliques
Ma vie au loin m'invite
Et s'agitent les poussières du
temps
Blessées qui pleurent sur le lac
Et tombent les nuages de clémence
Se mouvant dans l'air enjoué
Saisons après saisons
Aux vermeilles espérances
Des spleens aux airs de soliloque
Qui attendons- nous pour
Commencer l'infini voyage ?

ECLAT DE VIE.

Ce matin le soleil s'est levé
Près de mon Afrique offensée
M'apportant l'éclat des oubliés
Une impression d'amertume
Comme une image de morne jour
La lumière m'éclaboussant
De ses clameurs de souvenances
La vie me rappelant son fatum
Et le jour s'épanouissant en rengaine
D'hymne d'hirondelles ressuscitées
Ce matin le soleil s'est levé
Et les échancrures des cœurs alarmés
Se sont apaisées au frimas du vent
Qu'avons- nous construit à détruire
Et l'existence nous interrogeant
Sans cesse en signe de temps
Ces heures tambourinées
Nous invitant ardemment

A chercher le rêvé
A trouver le proclamé
Et à fuir l'inopiné…

Ce matin le soleil s'est levé
Près de mon Afrique écorchée
Et sur les brasures de pensées
Peignant son visage chamarré
Au firmament flamboyé
J'ai tendu mes mains ointes
Implorant à la sainte clarté
De consoler mes blêmes émois
Ce matin le soleil s'est levé
Loin de ma terre mère
M'apportant les pulsations
Les souffles des joies inespérées
Mes desseins en lanterne de foi
Augurant mes destinées chancelées
Au bout s'étend le chemin
Le regard toisé sans douter de rien
Ecoutant les réverbérations intimes
Et quand se couchera mon soleil
Je recouvrerai la nuit de ma peau.

ELLES DORMENT…

Elles dorment
Les vierges empoisonnées
Se mourant dans les bois
Et s'illumine en clarté nocturne
La brouillasse blafarde
Comme des spectres insufflés
Couvrants les cimes et joncs
Les amours ensorcelées
Sont condamnées à l'errance
Leur sanglot en chant de rivière
Coule en écho dans
Les fontaines perdues
Elles dorment les vierges effarées
Sous les dômes feuillages
Cherchant chacune leur visage
écorché
Par les saisons feutrées

Elles sont les clairs de lune
En constellation voilée
Dans l'obscur mystère
La nuit elles renaissent
Le jour elles meurent
Et sous la peau des arbres
Vit leur regard empressé
Elles attendent
Les vierges possédées
Que s'éteignent l'humanité
Pour réapparaître…

EN ATTENDANT…

En attendant l'impossible
Je t'aimerai…
En folie de raison
En tendresse trahison
Le cœur à la main
A l'ivresse passion
Suppliant les petites
Aubes écloses
De répandre leur pollen de clarté
Dans l'âme- vent
Des brunantes d'amour

En attendant l'impossible
Je t'aimerai…
En prose et rose essaimée
En recueil et écueil de décision
Mes yeux dans tes rosées
Et pensées pansées
Mon cœur de toi lâché
A l'envol éperdu
Mourant le jour

A te désirer
Croire en la vie
Sans soleil blêmi
Boire l'interdit espoir
Comme une liqueur d'aigreur
De toi, je m'engouerai
A l'opium liaison
Evanouir mes émotions
En geôle, mes sensations

Un soupir violent
En douceur aimant
Une musique tintant
En lyre enjôlant
En attendant l'impossible
Je t'aimerai…
En symphonie poétique
Après les romances folies
Quand m'estimera le temps.

LES ONDÉES D'HIVER.

Elles tombent les
Dernières pluies d'hiver
Avec elles quelques
Feuilles d'or sur l'étang
Elle est bien loin
Ma natale terre
Et ces averses féales
Sans couleurs de vent
Des oies en flânerie
Chantant le beau midi
Sur les écrins de verdure
Émerveillées, s'éveillent
Les perruches en liberté
Apprivoisé un frisquet d'azur
Sur ma rêverie matinale
L'amour, le jour
Un détour plus court
Et courent les vautours
Dans la cours du ciel
Quand pleurent les rivières
Sous les voûtes de destin

Caresser les impressions de vie
Les mains dans les
Cheveux du temps
Invitant l'instant galant
A faire la cour
Au bonheur passant
Elles reviendront peut- être
Les dernières pluies d'hiver
Avec elles les larmes
Des gaietés vécues.

LES LUEURS ECORCHEES.

Aux portes du vent
Nous gagnerons les combats
Et les marées dans nos mains
Repoussant les murs de guerre
Et les terres nôtres libérées
Des écumeurs sycophantes
Partiront les oiseaux
Aux souffles héroïques
Après les hérésies et les brasiers
Chantant la poésie des graciés
Les épaules en ramilles de sang
Traversant les versants de haine
Les avanies marquées d'anneau
Nos prunes prunelles implorant
Des plaies d'humanité désœuvrée

Aux portes du temps
Nous refermerons les chemins
Et les soleils invoqués
Dénouant les nœuds de vie
Et les dieux silencieux
Détournant les yeux de destin
Près de nos pieds éclopés
Des corps, des morts, de l'or
Décors d'un monde perdu
Sur les frontières de la folie
Se couchent les prieurs éclats
En arc-en-ciel de fatalité.

LES PARFUMS DU TEMPS.

Retenir les parfums du temps
Comme les lumières du vent
Enfermer dans l'air des saisons
Les nostalgies et les spleens
Dans les regards fard
Des fenêtres ouvertes
Vider les armoires de mémoire
Pour retrouver un souvenir
Changeront- ils les adieux
Qui durent le temps
D'une larme essuyée
Demain tu t'en vas
Vers la vie là-bas
Quand l'orage des images gardées
Eclatera en visage éploré

S'éclipsent les couchers de soleil
Le lac silencieux
Aux égards vermeils
Sur la petite barque à trois
Reste-t-il un peu de

Nos humeurs rieuses ?
S'en vont aussi les cendrés
Peut- être avec toi
Emportant mon émoi
Allons ! Une fois encore
Parcourir les chemins
De bois- décors
A vélo descendrons- nous
Le parc aux daims
Le vent sous les bras
La vie à l'envol gaieté

Et la nuit marchant
Sous la lune flânant
Vers le ciel nos espoirs
En étoile de vœux
Se chemineront
Les promenades
En ballade et émotion
Quand mourra la nuit
En clarté nuptiale
Se lèvera à l'aurore
Une âme- lys.

LES RIDEAUX DE VIE.

Se referment les rideaux de vie
Après les aubades des aubes
Des âmes vespérales chantent
Le déclin des idolâtries
Se ternissent les espérances
Les croyances et les voyances
Des cris de liberté lampés
Aux éclats d'alacrité
Des stèles d'or sous
Les brasiers de corps
Rayonnent les diadèmes
Des pleurs de peurs
Sur les rues dépeuplées
Un autre regard démuré
S'unira la plèbe après
Les ruines et les bruines.

LES RIVIERES DU TEMPS.

S'écoulent
Les rivières du temps
Près des fayards vieillis
En cascatelle lyrique
S'entendent
Les mélodies du passé
Comme le mutisme
Des rancœurs
Un apaisement, une porte
Vous emporte l'air épris
Et s'emballe le vent ludique
Effarouché et clameur
Courant sur les craquelures
De tombeaux mouvant

Des feuillaisons hantant
Ces sylves contrées
Une brisure de soleil
En miroir d'éveil
Sourit l'écume folle
Cheminant vers
Les verdâtres rocs
Regard enchanté
Instant d'éternité
Soupir de sérénité
S'y coucher à l'herbe bruyères
Embraser les silences d'ailleurs
Se donner à l'onde gredine
Et danser avec les ombrages ouatés.

L'ONDE ARCANE

Aurions- nous été heureux
Si nous étions éméchés
De l'amour des aquilons marins
Du chant des ombres ondines
Suivre la mer sans quitter la terre
Partir à la vie sans quitter la mort
Des noirceurs de contritions
Sillons des ondes arcanes
A deux, vœux de cœurs égrillards
Contemplant à l'infini écumé
Ton sourire confessionnel
C'est aux mouettes bougonnes
Que je siffloterais mes bluettes
Et le soir, mâtinant les halos
célestes
Navigueront nos émois dépêtrés
S'enchevêtrent les cycles crénelés
Les cieux damnés tombent en lys
Sur les layons des amants flânant.

MATIN D'ESPERANCE.

Ce matin, l'espérance
A ma fenêtre s'est posée
Comme un rossignol
Elle m'a apporté
Un air de réconfort
Et les effluves nouveaux
Au printemps éclot
Son visage en éclat de tulipe
Dans mes pensées encloses
Fallait-il à elle me dévoiler
Ces instants partagés
En mémoire dérobée
Aux murmures prisonniers
Des amours saisonnières
Aux lumières silencieuses
Des regards mâtinés safranés
Entre les ombres claires
Où se taisent les baisers
Et les cliquetis de branches
Ou se meurent les brasiers
S'effacent nos jours

En poussière opaline
Prunelles ornées
Enchanteresse hâlée
Dans les Hauts de Bruyères
Naguère nous étions
Amis promis
Amants s'aimant
Guettant les heures
Des primeurs couchant
Et soufflaient sur les ailes
En éclats de brume
Nos désirs comme
Des voilettes empressées
Ma Charente au soir, belle
Près d'elle en effloraison
Se dévoilent les violettes.

LES OMBRES EVANOUIES.

Rechercher les ombres évanouies
Sur les chemins évadés
Mon cœur arraché s'est épris
De la nausée humaine
S'en viennent les joies
De la pourpre désuétude
Quand court la vie
Sur les dunes du destin
Près des pensées
Et des cris pansés
S'abreuve mon être
Et les accrocs des regards blessés
Aux conflits des promesses
inopinées
Les mots deviennent maux
Quand les larmes de douleur
Cachent les armes de rancœur

Restons encore près de nous
Avant que la fatalité ne ternisse
Nos émotions liminaires
Souffle déjà le soufre des regrets
Coule déjà les rivières des
porosités
Des paradis d'impressions
Cachant les abîmes confessions
Après le bien, s'effondrera la vie
Quand, à l'aube vision renaîtront
Les serments des éclairés.

SAIS- TU…

Sais- tu pourquoi
Demain je meurs
Pour préserver toutes
Mes vies d'après
Sais- tu pourquoi
Demain je pleure
Pour cacher toutes
Mes douleurs vécues
Les rêves une étrangéité
Une liberté un vélum
Ces destins en vision incertain
Une vie, des souvenirs
Comme des brunantes
Et s'endort ma curiosité

Il y a trop de lames
De passés présentes
Ces fils de l'existence
Trop courts me retenant
Prisonnier de mon karma
Ces îles d'impressions
Où se perd mon ardeur
Ma mémoire en flot
Mon amour d'égo
Et tous ces repentirs
Ressurgissant en cliché
Me condamne-je
Ces trahisons miennes
Aux fumets de sang
Toucher les cieux
Pour croire en Dieu

Fermer les yeux
Pour défaire un nœud
Je veux une autre vie
Un bout de monde
Sans outrepassés
Sans jours lassés
Des rires nouveaux
Sans nuits arcanes
Garder les cendres
Du soleil et ma poésie
Ma muse illuminée
Et ma palinodie
Avec moi les blanches fleurs
Le rouge et la clarté
La folie et la beauté.

UN HIVER EN GRELE…

Un hiver en grêle d'automne
Se brisent les attentes monotones
Vois- tu le ciel n'est toujours pas
Ce grand oiseau azuré
Ferlent les arbres oubliés
Comme le vent harassé
Assit sur les fêlures des feuillages
Encore une horloge brisée
Près du temps grisé
Encore un dernier orage
Puis viendront les rires
De jérémiades pansées
Mon âme changée
En ombre d'étrangéité

Je vole sans air et
Cabriolent mes ailes
En pensée déliée
S'écoule la vie
Au son des flutes fluettes
S'égoutte la pluie
En bruissement saturnien
Se défilent mes afflictions
Des premières fenaisons.

LES LYRES DU SOIR

Une musique lointaine
S'en va les derniers songes
Une envie mondaine
Me chante la gaieté des
Tintamarres de marais
S'oublient les récents baisers
Les blessures du vent
Se cicatrisent dans le temps
Les couleurs de la vie
Ternissent après les douleurs
La rengaine des adieux du soir
La mélodie des mélancolies finies
S'ouvrent des fenêtres de regrets
Quand se murent les portes de
vœux

Te souviendras-tu d'émoi
Des parfums cachés aux joies
Et si nos rêves étaient à refaire
De nos silences atermoyés
Lequel emporteras-tu ?

LES NUITS DE SILENCE

Voici les nuits de silence
Un froid dans mon regard glabre
Le temps me refuse
Un peu d'intime flânerie
A chaque couleur de destin
Un refrain de désuétude
S'évadent mes émotions
En feuillée fanée
Années gardées
Attraits gâchés
Des pensées océans
Comme des baisers profonds

Loin sommes- nous
De nos saisons soupirées
Et si tout était à refaire
Nos choix parés
Nos croix plantées
Les joies héritées
Près des dols trouvés
Rallumer les feux
Des éternels vécus
Ma conscience sacrée
En sagesse éthique.

CONFLAGRATION

Nauséabonde ce monde d'effroi
Apeurés nos regards humiliés
Se perdent les vertus enseignées
Et les larmes de Dieu
En bourrasque d'hécatombe
Se tuent les hommes en fronde
Se ruent les bombes qui grondent
Odieuse la guerre des terres
Aux yeux des enfers prêchés
Les humanités en paradis regrets
S'indignent les ailes des cieux
Éraflant le nimbe des âmes-êtres
L'amour aux armes lourdes
Soufflant un nouveau globe
Cours ! Cours ! Mon prochain
La main en crachin de sang
Cours ! Cours ! Bon Soldat
Sur les mines harponnées.

LES MURMURES FRIMAS

Et si te murmurait la vie
Le vent chantant en flûte de pan
Les sourires suspendus au temps
Comme à l'océan s'envole la vague
Emousser nos regards aguichants
De la pluie s'exhaussent les remords
La mort s'éloignant en frimas
Les effluences des espérances
Soufflant à la brume mélancolique
Les derniers cantiques éclaireurs
Débusquer les spectres d'antan
Et suivre les bruines de lumières
A chaque choix porté proféré
A chaque voie heurtée hissée
Redessinant les sillons de destin.

UN JOUR PEUT-ETRE...

Un jour, qui sait...
Demain, peut- être
Tomberont les êtres
Sous les feux d'hêtres
Et les promesses du temps
Au chant d'or, chimère
Et les croyances d'antan
Aux litanies d'hors éther
Chercherons-nous toujours
Les clés des portes du néant

Un jour, peut- être
Demain, qui sait...
Entendrons- nous les éclats
Sans fracas d'étoiles
Nos vies dévoilées sur
Des grands miroirs noirs
Et les souffles immanents
Comme l'espérance sidérale
Et la contemplation magnifiée
Aux olifants immaculés

A nos yeux futiles
Le furtif ne se révèle
Dans la nébulosité
Pressentez le mouvant
Encore une autre vie
Encore d'autres lendemains
Des larmes sur des fleurs
Des armes sur des cœurs

Un jour, qui sait…
Demain, peut- être
C'est après toutes ces vies
Tous ces chemins mâtinés
Toutes ces adversités saurées
Toutes ces foliations envolées
Que nous toucherons la lumière.

LES ESCARBILLES AFFLEUREES

J'ai peur du monde
Du regard qu'il me porte
J'ai peur de la vie
Du mal qui foisonne
S'en va la lumière
Des fleurs de saisons
A d'autres cieux élevés
A jamais embrasés
Les crépuscules maudits
Aux vents vénérés
Fleureront les scories obituaires
Quand sonneront
Les derniers péans
Des oracles bannis
Ici nous expirerons
Les souffles profanés
Ici nous expierons
L'humaine sève versée

Les cendres blanches
Sur nos mains noires
Nos terres arrachées
Aux héritages incinérés
Et les silences balbutiés
Des chaines brisées
Sans clé de liberté
S'en vient l'aube ouatée
Des culturalités échancrées
Des pierres de jurons
Décochées aux murs des soupirs
J'ai peur du monde
Du chaos de l'humanité
J'ai peur de la vie
Du mal qui l'empoisonne.

ROSE D'ORAISON

Je m'en vais enfin !
En soupir délivrance
En note de prose raison
Au portrait de rose saison
Sans lumière de morosité
Délivrer de cette épreuve
Le sourire à l'aventure
Sans corps sans port
Je m'en vais pardi !
Loin des endiablés
L'âme envolée vers
Les interdits ruisseaux
L'esprit ensemencé
Vers les flambées idées
Délivrer les silences
De mon être tourmenté
Et les éclats de savoirs
Aux dômes de l'éveil
Sans les fioritures futiles

Ces errances couronnées
En supplices confrontées
Je m'en vais si tôt
Retrouver les autres…
Et les miens affranchis
Sentir les effluves et félicités
Des firmaments appétés
A la fratrie macassar
Nos mœurs nous confessent
Priez ! Sans langue équarrie
Notre essence est notre salut.

MON ONDE PERDUE

Croire en l'amour
Comme aux fleurs de destin
Croire en ses rêves
Sans prunelle inespérée
Se régénèrent les effluves
Des idylles chimériques
Ces instants de toi embués
En mémoire embrasée
Et dire que je t'avais perdue
Sur les flancs des félonies
Et lire que tu me pardonnais
Sur des soupirs écorchés
Attends- moi sur les chemins
De prédestinations nattées
Attends- moi ! Se lève l'ode
Des tocades admirables

Désormais à toi je m'offrirai
En sentiments dévoués chantés
Les larmes chagrines essuyées
Comme à la fin des bruines vidées
Ma paume sur ton ardeur frisquette
Et l'harmonie des baisers aspirés
En déclin la consternation blâmée
Au premier soleil nous clocherons
Et cheminerons le cœur pansé
L'amour aux fleurets haubanés
Vers ces aurores enluminées.

MAL ETRE

S'effondrent les columbariums de la vie
Et les cyclones sur la terre bienheureuse
Les destins réécrits sans péchés capitaux
Encore une dernière prière avant la fin
Des linceuls de chair ornés sur ma voie
Juste un regard ultime les yeux tonnés
Criant mon aigreur aux flammes obscures
La foi égarée sur les chemins compulsés
Tous nos combats perdus mais chantés

Arrachées les longes des cieux
écœurés
S'accrocher aux fourrures du vent
Quand tout nous tombe d'en bas
Tous les abysses damnés
m'habitent
Et les brunantes taciturnes
m'exultent
J'entends les goualantes d'oiseaux
Et cette rengaine en mandoline
dolente
Les douleurs des sévices me
lâchent
Les couleurs des éclipses me
cachent
La nausée des altérités mondaines
S'effacent les éphémères
paradoxes
Les félicités aux notes d'adversités

Pantèlent les anges telluriques quand
S'en viennent les saisons transies
Les passages se referment au silence
Encore une dernière lueur avant la fin
Mais déjà se sont retirés les afflux
Et les mers vidées dévorant les soleils
A quoi bon vivre ! Aide- toi…
Et la mort te recueillera.

LES LARMES LANCINANTES

Voici s'en aller…
Les dernières effluves de toi
Accrochés aux embruns des matins
Et ma main dans ta chevelure
ouatée
Sentant la fin de nos émotions
partagées
Comme les rivières de destins unis
S'effaçant dans les chemins
échancrés
Caresse nonchalamment
L'écume de ta moiteur
Attends! Reviens!
Le temps encore nous incite
Et le chant du vent à nu nous invite
A nous blairer sans jamais
s'oublier

Retiens mes yeux mélancoliques
Sans l'azur miroir des souvenirs
Si tôt mes larmes lancinantes
Un manque de toi
En désir crucifié
Il tombe des crachins de chagrins
Et les ardeurs de baisers
énamourés
Si à l'élu, ton cœur s'est apprêté
Sous les âpres choix des amours
tambours
Alors accorde- moi un ultime aveu
« Loin de toi…
Les aubes sont des crépuscules ».

MON PEUPLE EST DEPEUPLE

Les rires amers des enfants affamés
Au premier chant du coq
Comme cette ode à l'aube ensanglantée
Se réveille mon continent en torpeur
Les rêves d'hier psalmodiés
Ont trahi nos espoirs proclamés
Notre liberté harponnée
Aux lueurs des souverainetés singées

Ici, la vie est une lutte où butent
Les révoltés assassinés
Quand marche le Pouvoir
Sur les corps expirants
Les fanions en poings brandis
Sonne l'oraison dramatique
Aux darboukas des défenseurs
Tant de larmes sans armes

Tant de cryptes amoncelées
A quand la révolution couronnée
Sur les politiques meurtrières

Mon peuple est dépeuplé
Afrique où est ton identité
Mon peuple est dépeuplé
Afrique cherche ton unité

Il y a ceux qui ont pensé
Ceux qui ont combattu
Ceux qui ont éprouvé
Ceux qui ont abandonné
Et nous qui sommes-nous
Qui devons-nous suivre ?
À l'heure où tout brûle que faire ?
Se taire sur nos peurs
Se taire sur nos pleurs
Se taire pour nos terres

Mon peuple est dépeuplé
Afrique où est ton identité
Mon peuple est dépeuplé
Afrique cherche ton unité

Si, je parle qui m'écoutera
Si, je marche qui me suivra
Si, je me sacrifie qui m'enfouira
Si, tu comprends mes mots comme
Le tambour des identités nous ne
ferons qu'un.

LES BRUMES RUTILANTES

Ces beautés du passé
En ivresse de pensée
Comme des marques
De fraternité fanée
La vie me souffle
En embrun de spleen
Un refrain d'espérance
Et s'envolent les crécerelles
En complainte d'émotion
Ces instants palmés pansés
Aux aveux honnis
Loin de ma nature
Mon âme en errance
Loin de mes cendres
Mon existence châtrée
Sur les layons égarés
Cheminant chancelant

Le ciel à mes mains
S'ouvrant en soleil quêté
Le destin inconséquent
S'en allant hardiment
Et près des rives recluses
J'ai campé ma mélancolie
Ménagé ma sainte folie
Sous les nimbus chatoyés
Cachant au temps maculé
Mes sourires accidentels
Se finissent les chemins
Les dernières promesses
D'étoiles bienheureuses
Sous les vents émoustillés
En étincelle je m'absoudrai
De mes émois de bacchanale
Le corps morigéné à nu
De mon silence chantonné
En poésie mystérieuse…
Vers ces brumes éclatantes
Se laisse happer mon âme.

PAUVRE MONDE !

Le monde pue et mon être exhale
Les immondices de la race
humaine
J'ai la nausée et je vomis sur les
mensonges
Qui annihilent le sentiment, le
jugement
Pauvre monde absurde !
Pauvre humanité en échancrure et
chaos
Eclosent les armes en folie
sanguinolente
Et les Pouvoirs machiavéliques
Pissant sur la gadoue sociétale
Vous ne marcherez jamais sur ma
face

Monde de merde !
Je m'en irai dans un ailleurs meilleur
Ici l'amour du prochain est une chimère
Comme la liberté inscrite sur ma couleur
Et dire que comme le monde mon corps pue
Et heurte mon âme, ma sensibilité
Mon éthique agnostique
Mais bon sang ! Où suis-je tombé ?
Quelle est cette vie faisandée !
Retenez- moi si je m'égare mais
Laissez- moi partir très loin
Car la vie n'est qu'un détroit…

SI LOIN DE MOI…

Retiens les feux de souvenirs
Quand s'échappent de nos mémoires
Les fumées opalescentes
Retiens les éclats chantés
Des brasilles d'amour
Cette trop longue absence
En onde de percussion
Et cette pensée constante
De nos voiles de visage
Enluminés étincelés vifs
Naviguant tous les océans
De bravades abandonnées
Derrière les miroirs d'eau
Je cherche ton ombre folle
Après les bruines chagrines
Se cajolent pensées et percées

Si loin de moi…
L'âme en émoi
Se construisent les chemins
En rencontres inopinées
Des fleurs d'éphéméride bonheur
Des cœurs mouvementés
A l'aquarelle candeur
Des mélancolies séchées
Ce trop pressant attrait
De ressentir sur ma peau
Tes soupirs rechutés
Tes sourires miroités
Une larme consolée
A mon seing de tendresse

Et la musique des étreintes
En pulsations chapardées
J'ai parlé aux silences
De l'enclume désuétude
Des incertitudes qui me filent
Des noirceurs de solitude
Et je pleure sans vouloir
Et je marche sans couloir
Sur les joies dépeuplées
Le vent me tenant la main
Le temps me suppliant encore
De cueillir l'espoir des matins

Si loin de moi…
L'âme en émoi
Et bientôt s'en ira
Ce roseau de lune
Qui garde éveillé mon ardeur
T'attendant à chaque crépuscule
A chaque étincelle de vie
Quand se réunissent les astres
En constellation éternelle.

LES MURS DU TEMPS…

Décrocher les pendules
Sur les murs du temps
Les pensées suspendues
Aux émerillons des rafales
Soufflent les désespoirs
Comme les cyclones de fiel
Poussent les baliveaux livides
Sur les cœurs chastes lampés
S'en va la vie désillusionnée
S'encrassent les vérités éclatées
Que chinons- nous sur terre
En errance de lamentations
S'évacuent les peines prosternées
Les vies troquées
Aux choix choqués

Et si le temps portraiturait
Nos humeurs à chaque saison
Et si les hommes réapprenaient
A se donner le sourire- charité
Voici défilés les paysages autres
Un regard sustenté et s'égaie l'âme
Dans ce train qui me décampe
Des visages mâtinés de Paris
Vers le Bruxelles- midi au soir
Et un soleil distinct se couchant
Une main blanche m'invitant
Comme les parfums arrosés
Des rencontres et béatitudes
Ces destinées émoustillées
Saluant les existences écorchées
Les hivers renaissant en bruines
Des monotonies calfeutrées
Allons ! Partons à l'autre bout…

L'OMBRE D'UNE NUIT

Le silence noir
Réveille mes sentiments soirs
Tout est ombreux
Même le parfum de mes pensées
Voilà que s'illuminent mes yeux
Une silhouette typique
Alcoolisant mon âme vertueuse
Ma douce aimée
Pourquoi viens-tu hanter mon être
Te montrant nue au coucher de
mes désirs
Spectre saumâtre
Retiens ta cruauté
Mes blessures sont encore béantes
Comme cette nuit ivoirine
Où j'ai baisoté ta tendresse
immaculée

Ma douce aimée
Émigre séduire les cœurs éperdus
Mon aube arrive me chanter des aubades
Et demain qui sait si
Sur ce même chemin délibéré
Je rencontrerai l'indivisible étoile.

MA PETITE LUMIERE…

Ma petite lumière…
Retiens les promesses du temps
Reviens en parfum d'antan
Me chanter les idylliques tendresses
Les amours aux chevelures de penne
Ecorchés les baisers entichés
Avec toi s'envolent les roses émois
Les rosées de joie les moroses effrois
Et moi… en silence d'errance
Je pense à toi… petite lumière
J'attends que tu m'aimes
J'attends un soupir clairsemé
Te blottir à mes rêves utopiques
Te dire je t'aime en frisson sonné
Pour que je le sème en fleurs de lueur

Sur les chemins et les destins osés
J'ai portraituré tous tes sourires
A l'encre des désirs papillonnés
Pour ne jamais oublier ta joie de vivre
Scintillent la nuit et ton cœur flamboyé
Noyée ma mémoire en roseau chagrin
Quand se rendort le passé claquemuré
Retiens les promesses du temps
Avant les désarrois des aubes choix
Dans tes yeux un jardin de printemps
Me souviens-je des ruisseaux écumant
Sur les écueils herbés enchanteurs
A l'ombre des Hauts de Bruyères

Bientôt s'éteindront les espérances
Sous les amertumes des saisons
Mes odes en prose sans voix
enclose
Allons ! Nous dire enfin, dépêtrés
Que l'amour n'a qu'une seule
couleur.

A SENGHOR

Il est minuit et toujours j'attends…
J'attends debout près de
l'hosannière de ton sépulcre
J'attends que passe l'ombre de ta
sagacité
J'attends la locomotive qui part
pour Saint- louis
Les piroguiers noirs de ton fleuve
Ont oublié sur le rivage les pagaies
Et les pêcheurs de l'autre rive s'en
vont
Dans la nuit froide sans harpons
Nourrir leur filet de petits poissons

Pleure Afrique sur la berge, sur le
rivage
Pleure Afrique demain est un autre
soleil

Nuit à Joal, poésie natale
Contes de mon enfance, falot de ma culture
Il ne reste qu'un kraal en terre battue
Là où est enterrée mon épopée
Griot mandingue, chante-moi mon histoire
Mon écriture est ma sépulture
Poète noir, poète obscur
Vêtu de ta plume qui est vie
Et de tes vers qui sont beautés
J'ai grandi à ton ombre
Et ta mansuétude lyrique
Caressait mon émotion
Dans cette belle écriture poétique
Je ficelle ma douleur éclectique

Pleure Afrique sur la berge, sur le rivage
Pleure Afrique demain est une autre mémoire

Une plume dans ma conscience
mon regard est encre
Mes paupières comme des bruines
de voiles sombres
Tombent sur mes yeux qui
dessinent la lypémanie
Sur ma frimousse est libellée la
mégalomanie noire
Mais mon patois est blanc et mon
sang rouge
Noir Blanc Rouge, voici
l'oriflamme de mon identité
Je suis un nègre esclave de mes
chaînons
Mais ma négritude est ma liberté
Au feu ! Au feu !
L'Afrique brûle et ma douleur
hurle
Debout peuple de fratrie !
Sauvons notre terre, préservons
nos rites

Sur la plaie de ma révolte le fouet
blanc retentit
Et du haut de mon animalité
Je crie de toute ma tigritude
La négritude de ma plénitude

Pleure Afrique sur la berge sur le
rivage
Pleure Afrique demain est une
autre misère.

© 2015, Jannys Kombila

Edition : BoD - Books on Demand
12/14 rond-point des Champs Elysées, 75008 Paris
Imprimé par Books on Demand GmbH, Norderstedt, Allemagne
ISBN : 9782322044092
Dépôt légal : Décembre 2015